Frank Weber

Vom Reden zum Tun

Impulse und Ermutigungen

Meinen
kleinen Freunden
hier in den Straßen Cochabambas,
die sich so schwer tun,
neu anzufangen.

Für
José, Joaquin,
Milton, Victor Hugo, Elias,
Humberto, Mario, Pascual,
Gonzalo, Esteban,
Alberto
und alle Kinder und Jugendlichen
in unserer „Casa Nuevo Amanecer", Cochabamba,
weil sie es gewagt haben,
ihrer eigenen Zukunft
mit ihren eigenen Händen
endlich Form und Gestalt zu geben.

Meinen
Freunden in Deutschland,
die mir immer wieder Mut machten,
neu aufzubrechen
und weiterzugehen.

INHALT:

Die ausgewählten Texte von Heinrich Böll, Hermann Hesse und Eva Zeller wurden dem Autor zugesandt. Daher sind die Quellen unbekannt. Für entsprechende Hinweise wäre er dankbar.

DAS EIGENTLICH CHRISTLICHE

Vieles, was wir sagen und an Ideen entwerfen, bleibt gesagt, ohne daß es in Taten umgesetzt wird. Das gilt für unsere Reden, für unsere Diskussionen und oft genug für unsere Gebete.

Vorliegende Texte und Gebete haben nicht die Absicht zu belehren, sondern wollen Anregungen geben, wollen dazu ermuntern, Worte in konkretes Tun umzusetzen. Man kann mir vorhalten, theologisch inkompetent zu sein, einen Band mit Gebeten herauszugeben. Bei Gebeten aber geht es nicht um theologische Kompetenz, sondern vielmehr darum, inwieweit der Versuch unternommen wird, im Gebet Gesagtem im eigenen Leben Gestalt zu geben, also Gesagtes auch zu tun. Beten ist Tun. Beten ohne das darauffolgende Tun ist wie eine Suppe ohne Salz. Der christliche Glaube beweist sich nicht im Bekenntnis, sondern in der Tat. Christen werden daran gemessen, was sie tun, und nicht daran, was sie in schönen Reden darlegen. Wenn es Menschen gibt, die es vorziehen, aus einer Kirchengemeinschaft auszutreten, oder andere, die erst gar nicht eintreten, so hat das meist seinen Grund in dem Nichtpraktizieren der Botschaft und der christlichen Lehre durch die Christen selbst. Freilich, diese Botschaft ist inopportun, weicht oftmals von der herrschenden Norm entscheidend ab, und es ist daher fast unmöglich, sie zu realisieren. Andererseits aber gab und gibt es immer wieder Menschen, die mit der christlichen Botschaft Ernst gemacht haben bzw. Ernst damit machen. Ein Ansporn für uns alle. Es ist nicht nötig, ein Christ zu sein, um die Brisanz, den ungeheuren Anspruch und den hohen ideellen Wert dieser Botschaft zu erkennen. Christliche und humanistische Ziele liegen ja nicht im Widerspruch miteinander, sondern ergänzen einander. In beiden Fällen geht es darum, diese Ziele auch *tatsächlich* anzugehen.

Bereits im Alten Testament wird das Tun hervorgehoben. Wir erinnern uns: Nach dem Buch Genesis schafft Gott die Welt – Gott selbst also handelt, und durch sein Tun wird auch der Mensch ins Leben gerufen. Der Mensch erhält schließlich von Gott den Auftrag des Tuns . . . Er soll sich die Erde untertan machen und sich vermehren . . . Auch die Propheten des Alten Testamentes fordern das Tun; sie kritisieren, daß die Gläubigen den Kult bloß ausüben, ohne die sozialen und ethischen Bereiche zu berühren. Der Kult alleine genügt nicht. Beispielsweise lesen wir bei Jesaja, 58:

Obwohl ihr fastet, verschafft ihr
euerer Stimme droben kein Gehör.
Ist das ein Fasten, wie ich es liebe,
ein Tag, an dem man sich der Buße unterzieht:
wenn man den Kopf hängen läßt, so
wie eine Binse sich neigt, wenn man
sich mit Sack und Asche bedeckt?
Nennst du das ein Fasten und einen
Tag, der dem Herrn gefällt?
Nein, das ist ein Fasten, wie ich es
liebe: die Fesseln des Unrechts zu lösen,
die Stricke des Jochs zu entfernen,
die Versklavten freizulassen, jedes
Joch zu zerbrechen,
an die Hungrigen dein Brot auszuteilen,
die obdachlosen Armen ins
Haus aufzunehmen,
wenn du einen Nackten siehst, ihn
zu bekleiden [. . .]

Bei Jesus von Nazareth ist es nicht anders: Jenen, die – in gewiß bester Absicht – ihre Gebete verrichten, sich an die Zehn Gebote halten, den Gottesdiensten beiwohnen, kann es passieren, daß Jesus sagt: „Ich kenne Euch nicht". „Nicht jeder, der zu mir sagt: Herr! Herr! wird in das Himmelreich kommen, sondern nur, wer den Willen meines Vaters im Himmel erfüllt". Oder: „Was sagt ihr zu mir: Herr! Herr! und tut nicht, was ich sage?" Es kommt also auf das Tun an, auf die Verwirklichung der Lehre Jesu, die wiederum dem Willen Gottes entspringt. Der Wille Gottes ist das Reich Gottes. Dazu braucht es Menschen, die nicht nur reden, sondern handeln: Den Hungrigen zu essen geben, den Durstigen zu trinken geben, die Fremden und Obdachlosen aufnehmen, den Nackten Kleidung geben, die Kranken besuchen, Gefangene aufsuchen und ihnen beistehen. Der Christ ist aufgerufen, am Reich Gottes mitzubauen – durch sein Tun. Der wahre Gottesdienst ist demnach nicht nur liturgische Teilnahme, sondern die Hineinnahme der Lehre Jesu in das eigene Leben. Die Botschaft Jesu als roten Faden zu sehen, der sich durch das eigene Leben zieht, führt automatisch auch zum Dienst am Mitmenschen. Dieser Dienst ist gleichzeitig Gottesdienst. Die Begegnung mit dem Geringsten suchen und ihm beistehen; wir werden aufgefordert, nicht für uns selbst Christ zu sein, sondern für andere. Und das ist wohl das eigentlich Christliche: sich für andere zu engagieren, auch wenn es unangenehm werden kann, auch wenn man die geleistete Hilfe nicht einfach aufrechnen kann, auch wenn es möglicherweise Nachteile mit sich bringen kann, auch wenn . . . Jeder weiß ja um seine eigenen Ängste. Aber gerade auch deshalb sagt uns Jesus, daß, wer seine Worte hört und danach handelt, auf Fels gebaut hat. Und: Sorgt euch nicht . . . euch soll es zuerst um die Verwirklichung des Reiches Gottes gehen und um die Gerechtigkeit Gottes. Wir sind aufgerufen, zu hoffen wider alle Hoffnungslosigkeit, neue Wege zu gehen, die ungeheuere Botschaft Jesu von Gerechtigkeit, Feindesliebe und Friede weiterzugeben, zu verkünden − nicht nur durch unsere Worte, sondern auch und vor allem durch unser Tun.

Die vorliegende Sammlung von Gebeten und Texten möchte dabei helfen. Die Grundlage ist das *Vaterunser*. Dieses Gebet, das Gebet Jesu, besitzt bis heute eine nicht zu unterschätzende Sprengkraft. So zerstört es Denkkonstruktionen, die wir uns − als Christen − gezimmert haben. Denkgebäude fallen in sich zusammen, mit denen wir versucht haben, Gott in den Himmel abzuschieben. Wenn wir uns einmal genau bewußt werden, was wir da beten, wird es gewiß Konsequenzen haben; zu allererst für jeden selbst.

Im zweiten Teil dieser Texte- und Gebetesammlung wird dazu ermuntert aufzubrechen, neue Wege zu suchen und Ängste zu überwinden. So wird es möglich, das Leben auch zu *leben*. Es geht darum, einen *Aufbruch ins Leben* zu wagen. Den ersten Schritt muß jeder selbst tun.

Der dritte und letzte Teil faßt noch einmal zusammen, worum es letztlich für uns geht: Wenn wir es schaffen, von all dem Abstand zu gewinnnen, was uns so enorm wichtig ist und uns so unverzichtbar vorkommt, oder gar teilweise darauf verzichten können, werden wir ein immer tieferes persönliches *Profil gewinnen*.

Meine Sprache ist nicht besonders poetisch. Aber wenn dem Leben eine Poesie inne ist, dann wird auch gelegentlich in den vorliegenden Texten ein Hauch von Poesie zu spüren sein; denn sie entstammen unmittelbar dem Leben. Vielleicht entdeckt sich der eine oder andere Leser darin . . .

Frank Weber
Cochabamba, Bolivia,
im August 1988

Ein Gebet mit Konsequenzen

‚Tuende möchte ich ehren'

Es ist schön, ein hungerndes Kind zu sättigen,
ihm die Tränen zu trocknen,
ihm die Nase zu putzen,
es ist schön, einen Kranken zu heilen.
Ein Bereich der Ästhetik, den wir noch nicht entdeckt haben,
ist die Schönheit des Rechts;
über die Schönheit der Künste, eines Menschen, der Natur
können wir uns halbwegs einigen.
Aber – Recht und Gerechtigkeit sind auch schön, und
sie haben ihre Poesie, wenn sie vollzogen werden.
Tuende, nicht Tätige, möchte ich ehren.
Alle diejenigen, die wissen, was es bedeutet, ein Flüchtling,
ein Vertriebener zu sein,
unwillkommen zu sein.

Heinrich Böll

VATER UNSER IM HIMMEL

Wie oft rede ich von Dir
und bezeichne Dich als „Vater".
Und doch erweise ich mich
so oft als kleingläubig,
ängstlich und schwach.
Mir fehlt oft das Vertrauen zu Dir
und Deiner väterlichen Sorge
um mich und viele andere Menschen,
die da hungern
und dürsten nach Gerechtigkeit,
zu wenig spüre ich Deine Zärtlichkeit . . .
ob das nur an mir liegt?

V a t e r ,
Du bist Vater aller Menschen,
Dein Sohn ist unser Bruder,
und somit sind wir alle eine Familie.
Da ist der Türke mein Bruder,
die Prostituierte meine Schwester,
der Mörder mein Bruder,
die Alkoholikerin meine Schwester . . .

Oh, V a t e r !
Was mutest Du mir zu!

Bisher habe ich diese Menschen
als Randgruppen,
als Außenseiter unserer Gesellschaft gesehen,
ihre Existenz oftmals bedauert,
ihr Anderssein toleriert.
Aber diese Konsequenzen,
die sich daraus ergeben:
alle sind meine Schwestern und Brüder,
weil Du unser aller Vater bist!

Weshalb machst Du es mir so unsagbar schwer?
Alles, was mit Dir zusammenhängt
– und was hat nichts mit Dir zu tun,
Du Schöpfer, Du Vater von allem, was ist –
übersteigt all das,
was mein kleines Leben zu verstehen wagt . . .
Wagt!
Natürlich darf ich es wagen,
im Vertrauen darauf,
daß Du mein Vater bist
und mir beistehst . . . und dennoch:
Es folgt mein großes ABER . . .

In manchen Stunden des Alleingelassenseins,
in denen so viel anders lief,
manches mich zu Boden streckte,
glaubte ich zu verstehen,
was es heißt: Du bist im Himmel.

In manchen Situationen,
in denen ich sehe, was hier auf Erden geschieht
an Unterdrückung und Gewalt,
die oft auch institutionalisiert ist,
an Armut und sozialen Ungerechtigkeiten,
die auch durch unsere Gedankenlosigkeiten
und unser Immer-mehr-haben-Wollen entstehen,
da glaube ich zu verstehen,
was es heißt: Du bist im Himmel.
Weit weg von all dem,
was hier auf Erden vorgeht,
fern all dem, was uns ohnmächtig werden läßt . . .
uns versagen läßt.
Du hast Dich abgesetzt.
Irgendwohin.
In den Himmel.

Und dann gibt es Stunden,
da glaube ich zu spüren,
wie Du mich und viele andere Menschen

ein Stück Himmel erfahren läßt,
durch Menschen,
die uns Mut machen aufzubrechen,
die uns Kraft geben weiterzugehen,
die uns Hoffnung geben,
durch ihr Handeln und durch ihre Zuversicht.

. . . und dies alles im Vertrauen
auf Deine Vaterschaft.

Wir brauchen keine Angst zu haben,
unsere Gedanken zu Ende zu denken
aus Furcht vor den Konsequenzen.

Du bist mir
so nah und so fern zugleich, Vater.

GEHEILIGT WERDE DEIN NAME

Vater, hier fällt mir „Draußen vor der Tür" von Wolfgang Borchert ein. In diesem
Stück spricht Beckmann zu dem Gott, dessen Bild Borchert selbst über Dich ver-
mittelt bekam, und wie er Dich in seiner schweren Zeit zu erleben glaubte:

„Ah, Du bist also der liebe Gott.
Wer hat dich eigentlich so genannt, lieber Gott?
Die Menschen? Ja? Oder du dich selbst?
. . . das müssen ganz seltsame Menschen sein, die dich so nennen.
Das sind wohl die Zufriedenen, die Satten, die Glücklichen,
und die, die Angst vor dir haben . . .
Hat auch Gott Theologie studiert?
Wer kümmert sich um wen?
Ach, du bist alt, Gott, du bist unmodern . . .
du bist ein Märchenbuchliebergott . . .
Geh weg, ich sehe, du bist ein weinerlicher Theologe.
Du drehst die Sätze um . . .
Du bist tot, Gott.
Sei lebendig, sei mit uns lebendig,

nachts wenn es kalt ist, einsam . . .
Ach geh weg, du bist ein tintenblütiger Theologe . . .
Die Theologen haben dich alt werden lassen . . .
Hast du zuviel Tinte im Blut, Gott,
zuviel Theologentinte?
Geh, alter Mann,
sie haben dich in den Kirchen eingemauert . . .
Wir stehen alle draußen.
Auch Gott steht draußen
und keiner macht ihm mehr eine Tür auf."

V a t e r ,
es ist schwer,
Dich zu lobpreisen, zu verherrlichen,
wenn so oft Wolken unser Leben verdunkeln.
Borchert sieht, daß der Gott,
der da geheiligt werden soll,
nicht der sein kann,
den Jesus verkündigt hat.
Nein! Vater,
Du bist nicht der Gott,
der an die Dogmatik-Ketten gelegt wurde
und in den Kirchen gefangen gehalten wird.
Du bist nicht der Gott,
der Sünder der Kirche verdammt,
Du bist nicht der Gott,
der Völker mit Hunger straft und sie dem Druck
der Mächtigen ausliefert,
Du bist nicht der Gott,
der Waffen segnen läßt,
um sein Reich zu erzwingen.

V a t e r , ja, ich will Dich preisen,
weil Du mir Mut gibst aufzubrechen,
mich von eingefahrenen Wegen zu entfernen.
Ich will Dich preisen, weil du der Gott bist,
der den Armen und Unterdrückten zur Seite steht
und ihnen Menschen zur Hilfe schickt,
weil Du der Gott bist,

der Freudenmädchen und Ehebrechern vergibt;
weil Du der Gott bist,
der eindeutig Partei nimmt,
besonders für die Menschen,
die oft in Deinem geheiligten Namen an den Rand
gedrängt und vergessen werden.

Ja, V a t e r ,
wenn ich Dich nicht als den
Dogma- und Theologengott sehe,
den in aller Ehre eingemauerten Gott erlebe,
sondern erkenne,
daß Dein Name
mir im Letzten ein großes,
unergründliches Geheimnis bleibt,
und ich etwas von Deiner Liebe verstehe,
die mir Jesus immer wieder neu mitteilt,
und ich dies den Menschen
– auch und besonders den heutigen Borcherts –
erfahrbar und spürbar machen darf,
dann werde ich Dich heiligen können,
weil Dein Name auch für viele Menschen,
die jetzt noch ohne Hoffnung sind,
wieder ‚Abba‘ lauten kann . . .

DEIN REICH KOMME

V a t e r ,
dies ist eine hoffnungsvolle Bitte.
Vielleicht drückt sie sogar
die letzte Hoffnung auf eine neue Welt aus,
eine Welt des Friedens,
der Gerechtigkeit und Brüderlichkeit.
Eine neue Welt,
die keine Unterdrücker und keine Unterdrückten,
keine Mächtigen und keine Machtlosen kennt,
wo Krieg ein Fremdwort ist, wo Gewaltlosigkeit

zugleich Weg und immer anzustrebendes Ziel ist,
wo Liebe die Motivation alles Handelns ist.

Dein Reich, V a t e r ,
Dein Reich hat schon längst begonnen,
Deine Menschwerdung in Jesus, unserem Bruder,
war der Anfang.
Nun sind wir alle gerufen, an Deinem Reich mitzubauen,
indem wir uns gegen Unterdrückung, Ausbeutung,
Gewalt, Macht, Krieg und ungerechte Kapitalverteilung
mit all unseren Kräften auflehnen
– im Vertrauen auf Dich und aufgefordert durch Deinen Sohn,
unseren Bruder Jesus, und seine Frohe Botschaft
und geführt durch Deinen Geist,
der uns stark macht und mutig!

Ja, V a t e r ,
durch Deine Menschwerdung hast Du uns Menschen
deutlich gemacht,
daß wir nicht passiv auf das Kommen Deines Reiches warten
und geduldig ausharren sollen
oder gar die Unterdrückten,
Geschundenen und die Armen
einfach auf das Jenseits vertrösten sollen,
daß wir nicht dem Elend tatenlos zusehen sollen, nach dem Motto:
„Wen Gott besonders liebt, dem mutet er besonders viel zu . . .“
Wir müssen endlich begreifen,
daß Dein Reich schon längst angebrochen ist
– hier und jetzt –
und daß wir Dir dabei helfen dürfen,
es zu errichten!

V a t e r ,
wir bauen nicht an Deinem Reich,
indem wir Besitz anhäufen,
den wir mit Atomraketen sichern und verteidigen müssen;
indem wir aus der Not anderer Völker
Profit schlagen und unseren Einfluß sichern;
indem wir nach Erfolg, Ansehen,

Macht, Ämtern und Ehrentiteln streben;
indem wir uns mehr auf das Kirchenrecht
als auf Dein Evangelium berufen und verlassen;
indem wir die Wahrheit
mehr in den Dogmen als im Menschensohn suchen,
der doch selbst von sich sagte,
daß er die Wahrheit sei!

V a t e r ,
wir bauen an Deinem Reich,
indem wir bereit sind,
neue Wege zu suchen und zu gehen;
indem wir die Schreie der Geschundenen und Ausgebeuteten
zu hören suchen;
indem wir die Ursachen und Wurzeln der Ungerechtigkeiten
zu sehen suchen.
Dieses Erkennen durch Hören und Sehen
macht es uns möglich,
zu urteilen und in Deinem Geiste zu handeln.
An Deinem Reich, Vater, bauen wir,
indem wir uns stark machen für eine neue Gesellschaft,
die keinerlei „Oben" und „Unten" duldet
und die jeden Tag einen Tag der Menschenrechte ermöglicht.
Dein Reich wird kommen,
wenn es gelingt,
die Armen und Unterdrückten
von Armut und Unterdrückung zu befreien
und all jene,
die unterdrücken und ausbeuten,
davon zu befreien,
was sie dazu treibt,
andere Menschen zu unterdrücken und auszubeuten.

V a t e r ,
das alles hört sich so an,
als läge alles in unseren Menschenhänden.
Aber wer wirklich beginnen will,
sich zu lösen von Sicherheiten und Macht,
von Besitz und Streben nach Ansehen und Erfolg,

der wird sehr schnell merken,
daß er als Illusionist abgestempelt und daher nicht
oder nur sehr wenig ernst genommen wird,
daß er an den Rand gedrängt wird
und sogar ein Störenfried in dieser Welt werden kann.
Wer sich dennoch auf diesen Weg der Erneuerung einläßt,
sucht letztlich Kraft und Hoffnung bei Dir,
setzt all sein Vertrauen auf Dich.

Kleingläubigkeit beweisen jene,
die lieber Gewohntes und Bewährtes
festhalten und bewahren –
aus Angst vor neuen Wegen.

Wieder einmal ertappe ich mich dabei,
daß ich sage:
„Wir bauen an Deinem Reich mit, indem WIR . . ."
Solange ich „Wir" sage,
kann ich andere vorschieben,
wenn es ernst wird . . .
Jeder einzelne ist aufgerufen, eingeladen,
an Deinem Reich mitzubauen.
Deshalb muß ich sagen:
„ICH baue an Deinem Reich mit, indem ICH . . ."
und darf die Konsequenzen nicht scheuen.

Nur wenn ich versuche, mich und meinen Lebensstil zu ändern,
versuche, mit meinem Herzen zu sehen,
also mit der Erneuerung und Veränderung bei mir selbst beginne,
bin ich dabei,
einen Grundstein zu legen,
um Deinem Reich den Weg zu bereiten.

V a t e r ,
es gibt Begegnungen und Momente,
in denen ich erfahre,
daß Dein Reich schon angebrochen ist.
Da spüre ich ein Erwachen
in mir und anderen,

da wird Solidarität konkret . . .
Dies gibt mir Zuversicht und Hoffnung,
die Bitte immer wieder neu zu artikulieren:
Dein Reich komme!

DEIN WILLE GESCHEHE

Wie leicht kommt es mir
über meine Lippen:
Dein Wille geschehe.
Aber, V a t e r ,
was ist Dein Wille,
was willst Du?

Gewiß: Du willst
die Errichtung Deines Reiches.
Eine neue Welt
des Friedens,
der Gerechtigkeit und Brüderlichkeit.
Und ich bin eingeladen,
dieser neuen Welt,
Deinem Reich,
zum Durchbruch zu verhelfen.

Sage ich:
Dein Wille geschehe,
so muß ich auch bereit sein,
von mir abzusehen,
von meinen kleinen Nöten
und Ängsten,
bereit sein,
auf Dich und Deinen Weg
mit mir zu vertrauen.

Dein Wille, V a t e r ,
kann es sein, daß ich dort „Ja" sage,
wo andere „Nein" sagen,

und daß ich dort „Nein" sage,
wo andere „Ja" sagen.
Dein Wille kann es sein,
daß ich Wege gehe,
wo andere schon längst keine
Wege mehr vermuten.

Deinen Willen
zu verwirklichen suchen,
heißt auch anzuecken,
dort, wo alles seine Ordnung hat,
dort, wo man gewohnt ist,
mit den Wölfen zu heulen.

Deinen Willen
zu verwirklichen suchen,
kann auch bedeuten,
dort Unruhe zu stiften, wo
sonst gottselige Gelassenheit herrscht . . .

Deinen Willen
zu verwirklichen suchen,
hat auch die Demaskierung
der Herr-Herr-Sager
zur Folge,
jener, die Dein Wort
zu definieren privilegiert sind,
ohne – oftmals genug – Dich selbst
zu Wort kommen zu lassen

Deinen Willen
zu verwirklichen suchen,
reißt die Mauern nieder,
die wir um uns herum und
zwischen uns und anderen gebaut haben,
damit uns nichts zu nahe kommt.
Deinen Willen zu verwirklichen suchen,
bedeutet die Demontage
der Gedankengebäude von Ideologien,

Anschauungen, Religionen,
die uns von anderen Völkern,
Rassen und Nationen
unterscheiden.

Dein Wille bedeutet . . .

. . . Nein! Nicht mehr weiter!
Dein Wille geschehe . . .
oder besser nicht!
Denn es kann gefährlich werden.

Der Durchgang zu Deinem
Reich ist hart.
Verzicht auf das, was
uns jetzt noch so wichtig erscheint,
was uns das Leben so bequem und
angenehm macht . . .

Unwahrscheinlich,
wie leicht mir dieses
„Dein Wille geschehe"
über meine Lippen kommt!

Trotz aller Mühe,
die Dein Wille mit sich bringt,
lohnt es,
sich für Deinen Willen zu öffnen,
damit nicht nur gegeben,
sondern geteilt wird,
damit nicht nur toleriert,
sondern akzeptiert wird,
damit nicht nur geredet,
sondern gehandelt wird.
Einen Anfang für mich
muß ich selbst wagen.
Aufstehen muß ich selbst;
und schließlich werde
ich merken,

daß ich nicht alleine stehe . . .
und alles letztlich Kreise zieht.

So wird Dein Wille
auch auf unserer Erde
eine Chance haben,
verwirklicht zu werden,
so wie er schon
im Himmel verwirklicht wird.
So soll Dein Wille
in unserer Gesellschaft,
in unserem Verhältnis
zu anderen Völkern und Nationen,
zu Andersdenkenden
und Andersgläubigen
geschehen.
So soll Dein Wille
unser Tun
und das Handeln
politischer Gruppen
bestimmen.

Dein Wille, Vater,
soll Orientierungspunkt
Deiner Kirche unterwegs sein
und meine Hände lenken.

V a t e r ,
nicht mein Wille geschehe,
sondern der Deine –
auch durch mich!

UNSER TÄGLICHES BROT GIB UNS HEUTE

Vater,
nicht alleine für mich
möchte ich diese Bitte aussprechen
und vor Dich tragen.
Auch für all jene,
die irgendwo auf dieser Welt
hart und unter unmenschlichen
Bedingungen arbeiten müssen,
ohne so entlohnt zu werden,
daß sie sich und ihre Familien
ernähren können.

Für all jene,
die in Gebieten leben,
wo kein Kraut mehr wächst,
weil die Natur es nicht zuläßt,
oder weil Kriege keine Chancen lassen,
sei es für die Arbeit der Menschen
oder die Hoffnung der Menschen.

Für all jene also,
die hungern und dürsten
nach Gerechtigkeit,
sei diese Bitte gesprochen.

Aber auch für all jene,
die nicht wissen
oder nicht wissen wollen,
was sie tun.
Für jene,
die aufgrund ihres
satten Wohlstandes
längst nicht mehr
um den Wert des Brotes wissen;
denn ihnen geht es schon
lange nicht mehr um das Brot,
sondern um den Aufstrich.

Für all jene also,
die freveln,
die Steine geben,
wenn Brote erbeten werden.

Die Bitte um
„unser Brot"
ist Solidarität,
die in die Tiefe geht.
Unser Brot heißt
Nahrung
Kleidung
Zuhause
Familie
Liebe
Gerechtigkeit
Friede;
denn vom Brot alleine
stirbt der Mensch.

Und Brot möchte geteilt sein.
Sei es
Nahrung
Liebe
Gerechtigkeit
Freude
oder
Trauer.

Erst dann
wird das Leben
unser Brot,
unser gemeinsames Anliegen,
unsere gemeinsame Sache,
unser gemeinsamer Traum,
den es zu verwirklichen gilt.
Heute.
Morgen.
Jeden Tag.

Du, Vater,
hilf uns allen dabei!

VERGIB UNS UNSERE SCHULD

Vater,
meine Schuld ist groß:
ich fehle, wo ich gebraucht werde,
ich schweige, wo ich reden müßte,
ich drehe um, wo es unangenehm wird,
ich rechne auf, wo ich verzeihen sollte.
Dich bitte ich,
mir,
uns
und allen,
die sich ihre Schuld eingestehen,
zu vergeben.

Um Vergebung
darf ich nur bitten,
wenn ich bereit bin,
mich zu meiner Schuld zu bekennen,
die grundsätzlich darin besteht,
das zu unterlassen,
was besonders auch durch mich
getan werden sollte:
den Hungrigen zu essen zu geben,
den Durstigen zu trinken zu geben,
die Fremden und Obdachlosen aufzunehmen,
den Nackten Kleidung zu geben,
die Kranken zu besuchen,
Gefangene aufzusuchen und ihnen beizustehen.
Die Unterlassung des Guten
ist also die größte Schuld,
die ich mir auflade.
Der Grund liegt in meiner
Profillosigkeit,

in meinem ständigen Angst-Haben,
in meinem Nicht-Wagen-Wollen,
in meiner ständigen Sorge
um mich selbst,
in meiner diplomatischen Vorsichtshaltung,
weil man ja nie weiß, was noch kommen kann . . .

Du, V a t e r ,
hast unendliche Geduld
mit mir.
Du weißt um meine Schwächen,
meine guten Vorsätze,
die oft genug
nur gute Vorsätze bleiben.

Du weißt aber auch,
daß ich es immer wieder
versuchen möchte.
Mit meiner ganzen Person.
Mit meinem ganzen Willen.
Mit all meiner Kraft.

WIE AUCH WIR VERGEBEN UNSEREN SCHULDIGERN

V a t e r ,
die Chance,
die Du mir
durch Deine Vergebung
gibst,
soll ich weitergeben
an jene,
die bei mir
in Schuld gefallen sind:

Jene, die mir übel nachreden,
um daraus persönliche Vorteile

für sich zu ziehen.
Jene, die mir Freunde waren,
solange ich ihnen nutzte.
Jene, die nur meine Schwächen
sehen, um so ihre Stärke
zu demonstrieren.
Jene, die mich stets falsch
verstehen möchten, um so
selbst im Recht zu sein.
Jene, die mein Vertrauen hatten,
aber nur damit spielten . . .

V a t e r ,
es ist schwer für mich,
über meinen eigenen Schatten
zu springen,
nicht aufzurechnen,
die
„Wie-du-mir-so-ich-dir"-Mentalität
zu durchbrechen,
darüber zu stehen,
um so persönliche Reife
zu zeigen.
Ein Leben
gegen die Unzulänglichkeiten.
Aufrecht bleiben;
sich nicht krumm machen;
sich selbst nicht belügen;
sich nicht verleugnen.
Luft holen,
durchatmen
und sagen:
Ich vergebe Dir.
Ein neuer Anfang
ist mir wichtiger
als ein Schuldschein,
der unser Miteinander
verhindert.

Nicht die Kräfte
gegeneinander stellen,
sich gegenseitig Steine
in den Weg legen,
sondern gemeinsam
Steine aus dem Weg räumen.

Einen neuen Bund schließen,
der weder fesselt
noch moralisch unter Druck setzt,
sondern eine Einladung ist
an mich und meine Nächsten.

V a t e r ,
an mir liegt es,
diesen Schritt zu tun.
Doch Dich bitte ich,
ihn mit mir zu gehen.

UND FÜHRE UNS NICHT IN VERSUCHUNG

V a t e r ,
allzu leicht
erliege ich der Gefahr,
mich bei meinen Fehlern
herausreden zu wollen:
Ich hätte nicht gewollt,
es sei nicht meine Absicht gewesen,
es sei nicht anders gegangen,
dies oder jenes habe mich dazu veranlaßt,
diese oder jene Person habe mich überredet . . .
schlußendlich:
Ich konnte nicht „nein" sagen,
nicht widerstehen.

Vorwände gibt es genug,
die mir meine Fehler,
mein – mir wissentlich –

falsches Reden und Tun
zu entschärfen helfen,
sie unwesentlich
oder gar nichtig
erscheinen lassen;
denn schließlich ist es
nicht alleine meine Schuld.
Ich konnte ja nicht anders.

V a t e r ,
mache ich es mir zu leicht,
wenn ich Dich darum bitte,
mich nicht in Versuchung zu führen?
Mußt Du mir nicht vielmehr
zumuten
zu lernen,
„nein" zu sagen,
zu widerstehen,
meine Absicht zu überdenken,
bevor ich handle?
Geht es vielleicht gar nicht anders,
will ich zu meiner Behauptung stehen,
Deinem Reich
zum Durchbruch
verhelfen zu wollen?

V a t e r ,
es liegt auch an mir,
Versuchung als eine Herausforderung
anzusehen,
Deinem Willen
treu zu bleiben,
mit meiner eigenen
Verantwortung,
die ich gerne zu tragen bereit bin

– mit Deiner Hilfe.

SONDERN ERLÖSE UNS VON DEM BÖSEN

Ja, Vater,
erlöse mich von dem Bösen.
Es ist richtig,
vieles hängt von mir ab,
aber doch längst nicht alles.

Erlöse mich,
Vater,
von dem Bösen in mir:
Damit ich nicht andere
klein machen muß,
um selbst groß herauszukommen.
Damit ich Sensibilität
walten lasse,
wo ich mit Menschen zu tun habe,
auch wenn sie mir „nicht liegen".
Damit ich nicht meine Interessen
vor das Wohl anderer Menschen stelle.
Damit ich nicht Dein Wort in meinem Munde führe,
während ich dem Anderen gleichgültig gegenüberstehe.

Erlöse mich,
Vater,
von dem Bösen,
das auf mich zukommt:
Damit ich nicht den Menschen,
die mir Böses wollen, ebenso begegne.
Damit ich die Dinge,
die mir gefährlich erscheinen,
nicht lediglich nur ablehne,
sondern ein klares „Nein" sage
und gleichzeitig nach Alternativen suche.

Erlöse mich,
Vater,
von dem Bösen,
das mich gefangen hält,

das mir Angst macht,
selbstverantwortlich Entscheidungen zu treffen,
mich nötigt,
opportun zu sein.

Erlöse mich,
V a t e r ,
von dem Bösen,
das ich als Glied
einer Gemeinschaft,
einer Gruppe,
einer Kirche,
einer Partei,
einer Gesellschaft
mitzuverantworten
oder auszuhalten habe.

V a t e r ,
ich bitte Dich,
uns von dem Bösen zu erlösen,
wohlwissend,
auf dieser Welt niemals
ein Paradies erleben zu können.
Aber gib
der Menschheit
eine kleine Ahnung von dem,
was Friede ist und Freiheit,
Liebe und Schöpfung.

Soll meine Bitte
– und die vieler Menschen,
wegen unserer eigenen Unzulänglichkeit
zur Utopie verurteilt sein?

V a t e r ,
erlöse uns von dem Bösen!

AMEN

V a t e r ,
„ja" möchte ich sagen
zu meinen Worten,
die ich an Dich richte.

Ich weiß,
leicht wird es mir nicht fallen,
zu meinen eigenen Gebeten
zu stehen.
Dennoch, Konsequenzen
möchte ich nicht fürchten.
Im Gegenteil:
Für Konsequenzen
möchte ich mich stark machen,
denn sonst hätte alles Reden keinen Sinn.

Mein „Amen",
V a t e r ,
soll Bestätigung sein,
Zusage
und Wille.

V a t e r ,
wenn Du mir Schwierigkeiten
in meinem Leben,
meinem Reden
und meinem Tun
zumutest,
so wirst du mir auch die Kraft geben
durchzuhalten.

Aufbruch ins Leben

Stufen

(. . .)
Es muß das Herz bei jedem Lebensrufe
Bereit zum Abschied sein und Neubeginne,
Um sich in Tapferkeit und ohne Trauern
In andre, neue Bindungen zu geben.
Und jedem Anfang wohnt ein Zauber inne,
Der uns beschützt und der uns hilft, zu leben.

Wir sollen heiter Raum um Raum durchschreiten,
An keinem wie an einer Heimat hängen,
Der Weltgeist will nicht fesseln uns und engen,
Er will uns Stuf' um Stufe heben, weiten.
Kaum sind wir heimisch einem Lebenskreise
Und traulich eingewohnt, so droht Erschlaffen,
Nur wer bereit zu Aufbruch ist und Reise,
Mag lähmender Gewöhnung sich entraffen.
(. . .)

Hermann Hesse

DER ANGST DEN SPIELRAUM NEHMEN

Manchmal komme ich mir vor,
als stünde ich im Nebel.

Gerade das, was vor mir liegt,
kann ich erkennen,
aber dann, dann
wird es verschwommen
und düster.

Vieles wirkt unecht.
Anderes wieder
kann ich nicht erkennen.
Ich entdecke nicht all das,
was es zu entdecken gäbe.

Oder liegt es an mir,
das Unechte,
das Nicht-Erkennen,
das Nicht-Entdecken?

H e r r ,
gib Du mir das Vertrauen,
das ich brauche,
gib Du mir den Mut,
der mir fehlt,
in den Nebel hineinzugehen,
in das Ungewisse vorzudringen.

Ich habe doch keinen Grund,
mich vor dem Nebel zu fürchen.
Dem Nebel nehme ich die Macht,
der Ungewißheit die Stärke,
indem ich mit Dir vorangehe
und der Angst den Spielraum nehme,
die die Macht erst ermöglicht.

Was immer auch der Nebel
in meinem Leben ist,
die Hoffnung treibt mich voran
und geht mit mir ungeahnte Wege.

ICH WERDE INNERLICH NEU

Ich gehe
gegen die Angst
in mir an.
Ich nehme ihr
den Freiraum –
und es entsteht ein
Freiraum in Fülle.
Knospen werden
in mir aufspringen
und zu blühen beginnen.
Ich werde innerlich neu.

Ich werde innerlich
neu und lebendig,
weil ich die Angst,
nicht „in",
nicht „lieb",
nicht „ausgeglichen",
nicht „gelassen",
nicht „erwachsen"
zu sein,
nicht mehr dulde.

Du, H e r r ,
bist der Zweig,
der mich hält,
der Ast,
der mich trägt,
der Stamm,
der mich mit allen verbindet,

die Knospen treiben
und blühen lassen,
damit gemeinsam
– neu und lebendig –
Hoffnung
blühen kann.

AUSSCHAU HALTEN

Die Angst
hinter mir lassend,
in meinem Innern
voller Leben,
möchte ich nun meine Augen
weit aufmachen,
um das zu sehen,
was ich bisher
übersah –
oder übersehen wollte.

Meine Augen
sollen Ausschau halten,
damit ich das sehe,
was mein Leben ausmacht,
die vielen Kleinigkeiten,
die ein großes Ganzes
ergeben.

Ich möchte nicht mehr
Resultate sehen
oder Wirkungen,
die „nun mal so sind".
Ich möchte die Dinge sehen,
sie wahrnehmen und schätzen.
Ich möchte
in und hinter die Dinge blicken,
sie ernst nehmen und fragen.

Herr,
begleite mich,
und mir werden die Augen aufgehen.
Ich werde sehen,
was ich Schönes sehen darf.
Ich werde sehen,
was ich sehen muß!

Ich brauche mich
nicht blind zu stellen,
aus Angst,
handeln zu müssen.

Ich werde erkennen,
daß trotz der Stacheln
der Gewohnheiten,
der Ungerechtigkeiten,
der Gleichgültigkeiten,
der Ängste und Verzweiflungen
immer auch
Blüten der Hoffnung
möglich sind,
die Erstarrtes verändern
und Totes neu beleben.

DAS KLEINE WAHRNEHMEN

Ich möchte
das Kleine wahrnehmen,
das Kleine in mir
und um mich herum.

Ich möchte
den Mut aufbringen,
mich selbst
klein zu machen;
lernen,

von meinen Ansprüchen
endlich Abstriche zu machen;
versuchen,
von meinem Streben nach . . .
Erfolg, Ansehen und Ehre
zu einem
Streben für . . .
Friede, Gerechtigkeit und Liebe
zu kommen.
Und so wird es mir gelingen,
das zu entdecken,
was ich bisher übersehe,
bisher nicht fühle
und nicht wahrnehme.
Meine Seele wird atmen.

H e r r ,
öffne mein Herz
für das Kleine
und Unscheinbare.
Führe mich so auf den
Weg Deiner Wunder.

Du, H e r r ,
der das Unmögliche
lebendig werden läßt,
der das Kleine
wachsen läßt,
siehst meine kleinen Bemühungen,
die wie kleine Samenkörner
beginnen,
neu aufzugehen, und Zukunft
verheißen.

Bleibe bei mir, H e r r ,
wenn ich Altes und Gewohntes
zurücklassen werde,
um für das Neue
offen zu sein.

DIE ZELLENTÜR MEINER ÄNGSTE ÖFFNEN

Ich ahne das Licht,
das hinter all
dem Ungewissen lockt.
Und doch fällt
es mir schwer
aufzubrechen,
mich neu auf etwas einzulassen,
was die Bahnen
meines bisherigen Lebens
durchbricht
und mich meiner
Gewohnheiten entreißt.

Oft stehe ich
mir selbst im Weg,
habe mich selbst eingekerkert,
aus Angst
vor falschen Schritten,
die ich gehen könnte,
aus Furcht,
an meinen Worten
festgemacht zu werden.

Es liegt nun an mir,
mich aus meinem
Kerker der Sicherheit
hinauszuwagen.
Schritt für Schritt.

H e r r ,
führe mich hinaus
aus meinem Gefängnis,
das ich mir selbst zurecht
gemacht habe,
um nichts riskieren zu müssen.

Hilf mir,
die Gitterstäbe
aus ihren Verankerungen zu reißen,
die Zellentür
meiner Ängste und Unsicherheiten
zu öffnen,
damit ich dem
Licht entgegengehen kann,
das mir jeden neuen
Tag aufs neue
Mut macht,
aus mir herauszugehen –
und auf andere zu.

SEIN WIE ICH BIN

Sein wie ich bin.

Und schon kommen mir
die Zweifel
zu wissen,
wer ich bin.
Bin ich der,
der an die Ketten
der Erwartungen
gelegt wurde?
Bin ich der,
der sich ängstigt,
weiter zu gehen,
als es diese Ketten erlauben?

Ich will kein
verriegeltes
und kettengesichertes
Gartentor sein,
das nichts rein
und nichts raus läßt.

Ich will weit offen sein
für all das,
was auf mich zukommt,
für all die Dinge,
die ich sehe,
und für all die Menschen,
die mir begegnen.

H e r r ,
mit Deiner Hilfe
möchte ich es versuchen,
mich aus
den Erwartungen und Vorstellungen,
die andere von mir haben,
zu lösen,
mich den Bildern,
die sie sich von mir machen,
zu entziehen,
weil sie mich an Ketten legen
und fesseln.

Mit dir, H e r r ,
der mich
im Tiefsten meines Wesens kennt,
der mich nimmt,
wie ich
mit all meinen Schwächen bin,
mit Dir, Herr,
möchte ich
diese Ketten lösen.

MICH ÖFFNEN

Ich möchte mich
mir ganz öffnen,
um auch anderen
gegenüber offen zu sein.
Ich möchte mich
mit meinen Fehlern
und Schwächen
annehmen,
um auch andere
akzeptieren zu können
wie sie sind.

Ich möchte mit mir
ins reine kommen,
Verständnis haben
und mit mir selbst
Frieden schließen,
um auch anderen
verständnisvoll
und vertrauensfördernd
begegnen zu können.
Nur was ich selbst habe,
kann ich anderen geben.

Herr,
schenke mir Geduld
mit mir selbst,
damit ich nicht resigniere,
wo ich meiner
Selbsttäuschung
auf die Schliche komme.
Und ich werde auch
mit anderen Geduld haben.

Herr,
schenke mir Deinen Frieden,
damit ich mich vorsichtig

nach meinen
eigenen Schwächen abklopfen kann,
ohne Schaden anzurichten.
Und ich werde auch einen Hauch Deines Friedens
im Umgang mit anderen
Menschen weitergeben können.

DAS LEBEN WAGEN

Das ganze Leben
ist ein Wagnis.
Und nur wenn
ich es auch
als Wagnis annehme,
werde ich die
Vielseitigkeit
des Lebens erfahren.

Und nur
wenn ich mich
auf das Wagnis Leben einlasse,
das Spiel mit dem Feuer
wage,
werde ich
die Vielfalt der ungeahnten
Möglichkeiten
entdecken,
die mir das Leben
immer wieder neu schenkt,
so wie sich die Flammen
des Feuers
in jedem Augenblick
in neuen Formen
und Faszinationen
zeigen.

Herr,
mit Dir darf ich
das Leben wagen,
darf ich Schritte machen,
die noch nicht gegangen wurden.

Herr,
mit Dir darf ich es wagen,
meine Sorgen und Nöte
kleiner werden zu lassen,
weil sie mich hindern
in meinem Tun.

Herr,
mit Dir
das Leben wagen,
heißt:
mich vom Leben faszinieren zu lassen
und für die Zukunft
offen zu sein.

GEDULD HABEN

Es gibt Momente,
da möchte ich verharren,
warten, was kommt,
Geduld haben –
mit mir
und mit anderen.

Ich möchte
den Augenblick genießen;
denn was jetzt ist,
ist nachher schon vorbei:
Meine Gedanken.
Meine Vorsätze.
Mein Da-Sein.

Wenn sich
lebendiges Wasser
in Eis verwandelt,
so ist es nicht verloren,
sondern harrt aus,
bis es wieder
lebendig und erfrischend
sein wird.

Daran möchte ich mir
ein Beispiel nehmen:
Geduld zu haben.
Vor allem mit mir selbst.

H e r r ,
manchmal kommt es mir vor,
als glaubtest Du
viel stärker an mich
als ich an Dich.

H e r r ,
Du glaubst
an die Möglichkeiten
in mir,
gibst mich
– trotz meines
fehlerhaften Tuns –
nicht auf
und zeigst
unermeßliche Geduld
mit mir.

H e r r ,
das macht mich
stark und froh.

EINEN TRAUM VERWIRKLICHEN

Ein Traum:
Ich bin Wasser,
das Leben ermöglicht,
das erfrischt,
das Steine formt,
das neu macht,
das in Bewegung ist,
das sich verwandeln läßt –
zur Freude und Hoffnung
der Menschen.

Der Traum beginnt
Wirklichkeit zu werden,
wenn ich, was zu verdorren droht,
befeuchte,
was zu ermüden scheint,
erfrische,
was zu erhärten droht,
erweiche,
was gesät wurde,
begieße,
was an den Rand gespült wurde,
mitnehme.

Der Traum beginnt
Wirklichkeit zu werden,
wenn ich bereit bin
zur Verwandlung.
Zur Freude und Hoffnung
der Menschen.

H e r r ,
zwischen
Traum und Realität,
zwischen
Anspruch und Verwirklichung,
zwischen

Reden und Tun
bleiben Unterschiede.

Aber
Du, H e r r ,
bleibst bei
Deinem Wort
und läßt mich nicht allein.

MICH AN DAS LICHT ERINNERN

Es liegt an mir,
wenn ich auf dem Weg,
der weiterführt,
immer erst
das Dunkle sehe,
bevor ich mich
an das Licht erinnere,
das darauf wartet,
von mir entdeckt
zu werden.

Ich muß mich
dagegen wehren,
daß die Angst
sich immer wieder
in mir breit macht,
von mir Besitz ergreift
und mich stets neu zögern läßt
weiterzugehen.

Den Weg nach Emmaus
werde ich nur finden,
wenn ich mich
vom Licht,
das in der Ferne lockt,
auch leiten lasse.

Herr,
mein Zögern,
meine langsamen Schritte,
meine immer wieder
aufkommende Furcht
vor dem Neuen
und Ungewissen,
zeugt nicht gerade
von großem Vertrauen
auf Dich.

Aber
Du, Herr,
weißt um meinen
festen Willen,
auf Dich zu bauen
und Dir zu vertrauen.
Du gibst mir Zeit,
Deine Einladung
anzunehmen.

EIN LICHT DER HOFFNUNG SEIN

Keine Angst mehr
möchte ich
vor der Dunkelheit
in unserer Welt haben.
Es ist besser,
ein kleines Licht
der Hoffnung zu sein,
als sich wie
ein dunkler Fleck
in das Schwarz der Zukunft
einzufügen.

Ich möchte nicht
die Ratlosigkeiten,
die Ängste
und die scheinbare
Hilflosigkeit
unterstreichen.
Vielmehr möchte
ich versuchen,
die Dunkelheit
mit Licht zu durchbrechen.
und sei es noch so wenig.

Herr,
Du verlangst
von mir nicht,
daß ich
ein großes Licht bin,
ein Kronleuchter etwa
oder ein Scheinwerfer.

Dir genügt es,
wenn ich eine kleine Kerze bin,
die mit ihrem
kleinen Lichtkreis
Finsternis erhellt,
Schritt um Schritt hilft,
einen gehbaren Weg
zu finden –
wider alle Dunkelheit.

FREI WERDEN

Auf dem Weg
ohne Angst
werden kalte,
harte Mauern
zu Häusern
mit weit geöffneten Türen.

Ich darf rasten.
Ich darf Menschen begegnen,
die ähnliche Wege gehen.
Ich darf Worte
der Ermunterung hören.
Ich darf mutmachende
Worte schenken.
Ich darf Wegbegleiter finden
und darf Wegbegleiter sein.

Vor allem:
Es ist alles
ein Dürfen,
ein Angebot,
eine Einladung.
Ob ich annehme
oder nicht,
es liegt an mir.

H e r r ,
Du läßt mir
die Freiheit,
mich auf Dich einzulassen,
auf Deinem Weg zu gehen,
Dir zu vertrauen.
Du läßt mir
die Freiheit,
mich auf Dich einzulassen,
auf Deinem Weg zu gehen,
Dir zu vertrauen.

Du lädst mich
dazu ein
zurückzulassen,
was mir bisher
so unverzichtbar erschien.

Du nimmst von mir
unnötige Last,
damit ich
mein Herz und meine Hände
frei habe
für die Menschen,
denen ich unterwegs begegne.

Stufe um Stufe
komme ich Dir entgegen.

SPUREN ZIEHEN

Licht und Schatten.
Wintersonne und Schnee.

Ich entdecke Gegensätze,
die zusammengehören,
die sich bedingen
und ergänzen.
So finde
ich in mir selbst
Konsequenz und Inkonsequenz,
Freude und Traurigkeit,
Stärke und Schwäche.

Ich sehe keinen Menschen,
aber die Spuren weisen
darauf hin:
Es war schon jemand da.
Ich sehe das Angebot,
in eine der Spuren

einzusteigen und
weiterzugehen.

Unzählige Möglichkeiten
nehme ich wahr,
neue Spuren zu ziehen.

H e r r ,
ich sehe Spuren,
und mir wird klar:
Es war schon jemand hier,
irgendwann vorher.
Alles was ich denke,
wurde schon gedacht.
Alles was ich hoffe,
wurde schon gehofft.
Alles was ich suche,
wurde schon gesucht.
Irgendwann vorher.

Letztlich ruhen all
diese Gedanken in Dir.
Auch was mir undenkbar
erscheint, es ruht in Dir.

H e r r ,
ich will auch weiterhin
Deine Spur nicht aus
den Augen verlieren.
Alle Spuren, die ich gehe,
sind doch Deine.

DIE DUNKELHEIT IN MIR ERHELLEN

Für Dich, H e r r ,
möchte ich
weit offen sein,
daß Du
die Dunkelheit
in mir erhellst,
in mich eindringst
mit Deinen Verheißungen.

Wenn wir
uns begegnen,
und der Begegnungsort
meine Seele ist,
so werde ich
im Kern meines Wesens
von Dir berührt.
Es wird mir
Kraft geben
für all das,
was mich als Christ
verpflichtet.

Mein Herz,
das du berührst,
wird brennen,
meine Hände,
die Du führst,
werden ruhig und sicher.

H e r r ,
mit Dir wird mein
großes *Nein* gegen . . .
zu einem *Ja* für . . .
Energie werde ich gewinnen
für das, was zu tun ist.

Mein
Mich-Öffnen für Dich
macht mich offen
für die Menschen,
die mich brauchen,
für jene, die
nackt sind, hungrig
und durstig
und gefangen . . .

Das Licht,
das Du mir in
meine Dunkelheit bringst,
darf ich weitergeben –
als Zeichen Deiner Liebe.

PASSION

Mit dir unterwegs,
darf ich
Dein Leid sehen,
das vor aller
Finsternis dieser Welt steht.

Angstlos
darf ich in Dir
auch das Leid der Welt
entdecken;
denn Du bist
verlacht
verraten
geschunden
gefoltert
getötet
worden.

Gerne wollte ich
Deine Passion
klein machen und übersehen,
weil Du doch
der Auferstandene,
der Siegreiche bist.

H e r r ,
ich hatte Angst
wahrzunehmen,
daß Dir widerfuhr,
was viele,
viele Menschen
täglich neu
durchleiden müssen.

Was wäre aber Deine Auferstehung,
hättest Du selbst
all das nicht
vorher durchlitten?
Besonders durch
dieses Leiden
bist Du
meinen Menschenbrüdern
nahe,
die täglich das Kreuz
zu tragen haben.

H e r r ,
Deine Passion
ist
Anspruch an mich.

DIE HOFFNUNG SIEGT

Dein letztes Wort
ist nicht Angst
und Resignation,
nicht Leid
und Trauer.

Schmerz und Tod,
von Dir überwunden,
besiegt,
sind Hoffnung
und Leben.

In einer Welt,
die mehr auf den Mammon setzt
als auf Dich,
die mehr dem vom
Menschen Geschaffenen vertraut
als Dir,
müssen letztlich
Hoffnungslosigkeit
und Angst regieren,
sobald der Mammon nicht genügt
und menschliches Machwerk
an seine Grenzen stößt.

H e r r ,
Dein Tod am Kreuz
ist für mich
Herausforderung und Erinnerung,
Gewißheit,
daß Du für mich alles gibst –
bis hin zum Tode.

Was ich Dir schulde,
ist die Verpflichtung
zum Dienen,

ist das Ja zum Leben,
ist, ein Zeichen der Hoffnung zu sein . . .

. . . und dann werde ich
– ohne Angst –
dort genauer hinsehen,
wo Dein Kreuz
auch Schatten wirft.

WAGNIS EINGEHEN

Mich ohne Absicherung
von Dir an die Hand
nehmen zu lassen,
mich klein und unwissend
zu machen,
mich Dir anzuvertrauen,
mich Dir regelrecht
auszuliefern –

das alles stößt
auf Unverständnis
in einer Welt,
die kalkuliert,
die Wissen als Macht
über alles preist,
die Fakten
und gesicherte Daten fordert –
sogar von Dir.
Du verlangst von mir
keinen naiven Kinderglauben,
aber Du
möchtest mich dazu ermuntern,
im Vertrauen auf Dich
aufzubrechen,
Denkschemen zu durchbrechen,
die festgefahren sind,

zu denken,
wo nicht frei gedacht werden darf.

H e r r ,
den Weg mit Dir zu gehen,
heißt,
ein Wagnis,
ein Risiko
einzugehen.
Glaube ist stets
ein Wagnis,
ein Risiko.

Du willst,
daß der Mensch frei ist.
Der Weg in die Freiheit
geht über
Wagnisse und Risiken,
weitab von den sicheren
und gefüllten Fleischtöpfen.

Wenn ich mich
Dir anvertraue,
so gerate ich nicht
in Abhängigkeit,
sondern
finde bei Dir
Kraft und Mut,
Hoffnung und Trost.

STIMME FÜR HOFFNUNG UND GERECHTIGKEIT

Herr,
gestalte mich
nach Deinem Willen.

Ich weiß:
aus einfachstem
und nichtsbedeutendem
Material
gelingt es Dir,
Brauchbares
zu schaffen.

Nimm mich, Herr,
und forme mich,
wie Du mich brauchst:
Als Stimme
für Hoffnung und Gerechtigkeit,
wo geschwiegen wird.
Als Augen,
die erkennen und sehen,
wo man wegsieht.
Als Ohren,
die hören und verstehen,
wo mißverstanden wird.
Als Hände,
die helfen und trösten,
wo es an Taten fehlt.
Als Füße,
die tragen und gehen,
wo man auf der Stelle tritt.

Herr,
und wenn Du
aus mir
nur einen einfachen Strohkorb

flechten möchtest,
so tu' es.
Ich werde dann
ein Brotkorb sein,
der Brot weiterreicht,
das den Hunger stillt
und geteilt wird.

H e r r ,
was auch unter
Deinen Händen
geschieht,
es hat Sinn.

AUFBRUCH

H e r r ,
ich mache mich auf den Weg.
Ich kann nicht weit sehen –
nur ein kleines Stück.
Aber ich weiß:
dieser Weg geht weiter.
Ich spüre,
daß Du mit mir Deinen
eigenen Weg gehst.
Ich möchte versuchen
Schritt zu halten,
mag der Weg auch steinig werden
oder steil.
Du hast Geduld mit mir,
wenn ich langsamer werde
oder einen kleinen Umweg mache
oder einmal verschnaufe . . .
Und Du machst mir Mut,
Deinen Weg weiterzugehen
und durchzuhalten.
Du wirst mich auch weiterhin
Menschen begegnen lassen,

die mich begleiten
und stützen werden
und denen ich
Begleitung
und Hilfe sein darf.

H e r r ,
ich mache mich neu auf den Weg.
Auf Deinen Weg.
Das bedeutet für mich,
erneut loszulassen,
was mir lieb und
wichtig wurde . . .
Das bedeutet aber auch:
neue Zukunft,
neues Leben,
neuen Anfang.

Aufbruch.

Ich werde immer
freier von dem,
was mich hindert zu Dir,
was mich fesselt,
was mich taub macht
und blind.
Gib mir die Kraft
und den Mut
loszulassen,
mich fallen zu lassen
in Deine Hände.
Vertrauend spüre ich,
daß ich nur
von Deiner einen Hand
in die andere fallen kann.

Profil gewinnen

Was ich noch sagen sollte
Wenn ich Dir
einen Tip geben darf
ich meine
Ich bitte Dich
um alles in der Welt
und wider besseres Wissen:
Halte Dich nicht schadlos
Zieh den kürzeren
Laß Dir etwas entgehen.

Eva Zeller

JESUS ZUM GEBURTSTAG

Lieber J e s u s , mein Bruder,

auch ich möchte Dir zu Deinem Geburtstag gratulieren.
Herzlichen Glückwunsch!

Natürlich dürfen wir Menschen uns auch gegenseitig gratulieren,
weil Du ja geboren wurdest, um uns zu befreien . . .

Gott wurde Mensch

Es ist einfach unglaublich!

Gerne wäre ich persönlich gekommen,
um Dir meine Geburtstagswünsche zu bringen,
aber es gibt da einfach noch Schwierigkeiten,
mit denen ich zu kämpfen habe . . .
die erbärmlichen Verhältnisse,
in denen Du zur Welt gekommen bist.
Ich glaube,
nein – ich bin sicher:
Eine „Durchschnittsfamilie" wäre besser gewesen.
Du hättest doch trotzdem Deine Solidarität mit den Armen,
Geächteten und Unterdrückten bekunden können.
(Wir Christen-Menschen geben z.B. Almosen
und solidarisieren uns so . . .
Sicher, ein Teilen ist es nicht, aber immerhin . . .)
Dann wäre es für mich auch nicht so schwer,
auf Dich zuzugehen.

Ja, Du stellst mich total in Frage:
mein Reden und mein Tun,
meinen Lebensstil . . .
Eigentlich wäre ich doch genug damit beschäftigt,
überhaupt ein Christ zu werden.
Und ich strebe und strebe . . .
Und das, was du da machst,

widerspricht meinem Tun!
Du wurdest Bruder aller Menschen.

Du bringst mich nicht nur in Verlegenheit,
nein, Du beschämst mich!

Doch meine Glaubensbrüder und ich
dürfen immer wieder beruhigt sein:
wir haben Glaubens-Experten,
die so an Deine Geschichte rangehen,
daß Du immer ein braves Christkind bleiben wirst.

J e s u s ,
mein Bruder,
weißt Du, ich habe schon begriffen,
daß ich von meinem hohen Roß herabsteigen muß,
meinen Ekel, meinen Stolz,
mein Streben nach Erfolg
und mein Jedem-alles-recht-machen-Wollen beiseite schieben muß,
um auf Dich
„dort unten bei den geringsten aller Brüder"
zugehen zu können;
denn nur wenn ich mich klein machen kann,
bereit bin,
ein kleiner Bruder zu sein,
werde ich Platz in Deinem Stall finden.

Aber ich bin davon noch so weit entfernt!
Gib mir die Kraft und den Mut.

. . . Und: Habe bitte Geduld mit mir!

GOLGOTHA HEUTE

Bruder J e s u s ,
viel haben wir noch nicht gelernt
– seit Deinem Tod auf Golgotha.
Noch immer hörst Du unsere Worte . . .
„Wenn Du der Messias bist,
hilf Dir selbst und steige vom Kreuz."
Und wir überlassen
die Armen ihrer Armut
die Unterdrückten ihren Unterdrückern
die Außenseiter unserer christlichen Intoleranz
die Kinder und Alten ihrer Hilflosigkeit.

Wir überlassen
das Sagen
den Politikern
den Wissenschaftlern
den Wirtschaftsexperten
den Glaubensexperten.

Wir warten
und schweigen
und glauben tatsächlich,
so keine Schuld auf uns zu nehmen.
„Wir waschen unsere Hände in Unschuld",
indem wir uns
blind und taub stellen.

Ja, wir nageln Dich noch immer ans Kreuz,
Bruder J e s u s ,
stündlich,
indem wir
nach Ansehen und Erfolg streben
nach eigenen Vorteilen eifern
nach Geld und Macht
nach Ämtern und Ehrentiteln.

Indem wir an unserer Gleichgültigkeit zu erkennen sind
und uns ständig anpassen
an Normen und Regeln . . .

Bruder J e s u s ,
verzeih uns,
wenn wir Dich in unseren
Brüdern und Schwestern,
die ihrem Leiden ausgeliefert sind,
immer wieder neu sterben lassen.

Verzeih uns, J e s u s ,
kann es sein,
daß wir wirklich nicht wissen,
was wir tun . . .?

PARTEI ERGREIFEN

M a r i a ,
dies ist Dein Lied,
das mir Mut macht und Kraft gibt:

Meine Seele preist die Größe des Herrn,
und mein Geist jubelt über Gott, meinen Retter.
Denn auf die Niedrigkeit seiner Magd hat er geschaut.
Siehe, von nun an preisen mich selig alle Geschlechter.
Denn der Mächtige hat Großes an mir getan,
und sein Name ist heilig.
Er erbarmt sich von Geschlecht zu Geschlecht
über alle, die ihn fürchten.
Er vollbringt mit seinem Arm machtvolle Taten:
Er zerstreut, die im Herzen voll Hochmut sind,
und erhöht die Niedrigen.
Die Hungernden beschenkt er mit seinen Gaben
und läßt die Reichen leer ausgehen.
Er nimmt sich seines Knechtes Israel an
und denkt an sein Erbarmen,

das er unseren Vätern verheißen hat,
Abraham und seinen Nachkommen auf ewig.

M a r i a ,
auch ich will dieses Lied singen,
mit allen,
die darauf vertrauen,
daß Gott Dich, eine einfache Frau aus dem Volk,
auserwählte, um uns zu zeigen:
Er braucht keine besonderen Menschen,
sondern Menschen, die für Ihn bereit sind,
sich für Ihn offenhalten.
Dies ist möglich,
wenn das Herz nicht an Besitz gefesselt ist,
nicht an Ehre und Ruhm!

Du freust Dich, M a r i a ,
und lobst Deinen Gott,
weil Du dieses göttliche Geschenk nicht verdient hast.
Du spürst, daß Dir dieses Geschenk nicht alleine gilt.
An Dir wird mir deutlich,
daß Gott für alle Zeiten
die Niedrigen, die Kleinen,
die im Verborgenen
groß machen will.
Für Gott haben besonders
diese Menschen wahrhaftige Größe.
Was Gott an Dir geoffenbart hat,
ist für mich von großer Bedeutung!

M a r i a ,
Du führtest ein Leben in Demut und Bescheidenheit,
und so warnst Du mich heute vor Überheblichkeit,
Arroganz und Eitelkeit.
Deine Warnung geht auch an alle,
deren Wohlstand auf Kosten anderer geht,
die ständig nach „mehr" streben,
nach Würde von Amtes wegen und nach Macht.

Ja, M a r i a ,
Du jubilierst:
„Er stürzt die Mächtigen vom Thron
und erhöht die Niedrigen."
Weißt Du, M a r i a ,
manchmal kommt es mir so vor,
als würde Deine Stimme untergehen
in dem marktschreierischen Stimmenwirrwarr
unserer Wirtschaftsgrößen und Politiker,
in dem oftmals moralisierenden Stimmendonner
einiger Kirchenfürsten . . .

Dennoch:
Deine Stimme singt weiter –
und wer es wirklich hören will, kann es hören:
„Die Hungernden beschenkt er mit seinen Gaben
und läßt die Reichen leer ausgehen."

M a r i a , Du zeigst mir einen Gott,
der eindeutig Partei ergreift
für die Geschundenen,
Unterdrückten und Armen.
Du machst mir bewußt,
auf welcher Seite unser Gott tatsächlich steht.

M a r i a ,
Du machst mir Hoffnung,
wenn Du uns von einem Gott erzählst,
der zu uns Menschen,
zu den Unterdrückten, Verlassenen,
Ausgebeuteten und Schwachen steht
und sein Versprechen hält:
„Er nimmt sich seines Knechtes Israel an
und denkt an sein Erbarmen,
das er unsern Vätern verheißen hat,
Abraham und seinen Nachkommen auf ewig."

M a r i a ,
es wird mir nicht gelingen,
Dein Lied so überzeugend,
so ehrlich
und mit einem solchen
Vertrauen auf Gott
zu singen

– aber ich will es versuchen.

EIN MANIFEST

Es ist mir noch gut in Erinnerung: Ich war mit meinem Auto auf schneebedeckten Straßen unterwegs. Nur sehr schlecht kam ich voran; denn das Auto war mit Sommerreifen bereift. Schon die Kurven bereiteten Schwierigkeiten, und dann noch viel mehr eine Steigung, die sich mächtig vor mir erhob. Auf halber Höhe endlich mußte ich kapitulieren. Die Steigung war nicht zu schaffen. Vorsichtig ließ ich das Auto zurückrollen, um einen Umweg in Kauf zu nehmen, der mich an mein Ziel brachte.

Diese kleine Begebenheit hat sehr viel mit unserem Leben zu tun; in Situationen, in denen es darauf ankommt, Profil zu haben, zeigt sich unsere Profillosigkeit. Wir kommen schnell ins Schleudern. Vor allem dann, wenn wir mit offenen Karten spielen sollen, zu unserer Meinung stehen und uns zu unseren Schwächen und Gefühlen bekennen sollen, wenn unser Tun gefordert ist und nicht nur unsere guten Reden.

Wer sich selbst akzeptieren möchte, muß zu seinen Schwächen stehen, zu seinen Ängsten, muß mit sich selbst ehrlich sein können. Das alles erfordert Profil. Tatsache aber ist doch, daß wir uns selbst immer wieder belügen, bis wir uns selbst unsere eigenen Lügen abnehmen. Tatsache ist auch, daß wir unsere Schwächen und Ängste, unsere Gefühle und kleinen Hoffnungen nicht nur verleugnen, sondern auch vor anderen überspielen. Diese Kompensation, bewußt oder unbewußt, drängt uns eine Maske (oder gar mehrere Masken) auf und hat neue Erwartungen zur Folge, die uns aufgrund unserer gespielten Selbstsicherheit zusätzlich zugemutet werden. Es braucht Mut, es bedarf ausgeprägten Profils, sich aus diesen Erwartungen und Rollen herauszulösen.

In unserer Sorge um unseren Lebensstandard, unsere Lebensqualität, um unsere Sicherheit und unser Ansehen gehen wir keine Wagnisse ein. Schließlich könnten wir unsere Chancen verspielen. In unserer Angst, uns zu blamieren, uns bloßzustellen, nicht mithalten zu können, verweigern wir uns neuen Wegen. Unser Leben zieht an uns vorbei, ohne tatsächlich gelebt zu werden. Es fehlt letztlich das Wesentliche. Es fehlt an Tiefe. Es fehlt uns an Profil. An Ideen, Denkmodellen und großen Worten fehlt es unserem Leben nicht. Wir bleiben aber unserem Leben schuldig, diese Ideen und Worte umzusetzen . . . es bleiben Worte. Nichts als Worte. Wir verweigern uns den Möglichkeiten unseres Lebens. So leben wir – als profillose Wesen – an anderen und an uns selbst vorbei.

„Das Leben ist Gottes Ziel mit uns", sagt D. Bonhoeffer. Dieser Satz bringt das Anliegen auf einen Nenner: Besonders uns Christen steht es schlecht an, so ängstlich in unserem Tun zu sein, so unsicher in unserem Bekenntnis, so zurückhaltend in unserem Wagnis. „Was auch geschieht, wir brauchen keine Angst zu haben, uns nicht ständig darum zu sorgen, was noch kommt und geschieht" – sagen wir. Noch während diese Worte über unsere Lippen kommen, geraten wir ins Schleudern; denn uns mangelt es an Profil, das uns so selbst-sicher (wie wir uns geben) durch unser Leben bringt.

Und nicht nur, was uns selbst betrifft, ist gekennzeichnet von unserer Profillosigkeit. Auch in unserem Verhältnis zu anderen Menschen greift unser mangelhaftes Profil schon lange nicht mehr: Gelingt es uns, für einen ausländischen Arbeitskollegen oder ausländischen Nachbarn Partei zu ergreifen? Schaffen wir es, Behinderten, Drogenabhängigen, Obdachlosen, Prostituierten, Strafgefangenen und allen, die am Rande unserer Gesellschaft leben müssen, zuzuhören, wenn sie *selbst* von ihren Ängsten und Problemen sprechen? Ist es uns möglich, hinter jedem Konkurrenten und Widersacher, hinter jedem Feind, den wir ständig zu wittern meinen, auch noch den Menschen zu sehen, der selbst nur Opfer seiner eigenen Ängste und Profillosigkeit ist . . . Fragen. Und mehr als nur das. Wir sollten den Mut aufbringen, uns einmal daraufhin abzuklopfen – und auch das Ergebnis nicht zu scheuen.

Die mögliche Feststellung, nicht alleine profillos zu sein, sondern inmitten vieler profilloser Menschen zu leben, ist nicht mehr als nur ein schwacher Trost. Es gilt, das Profil zu erneuern. Und diese Erneuerung muß bei jedem selbst beginnen. Es wird auch irgendwann Kreise ziehen, ansteckend auf andere wirken. Im kleinen: Da werden die Eltern wieder mit ihren Kindern ins Gespräch kommen, ebenso die Lehrer mit ihren Schülern, die Erzieher mit den ihnen anvertrauten Kindern und Jugendlichen, die Ehegatten miteinander . . . Im großen wird es vielleicht Kreise ziehen und ansteckend wirken auf die Politiker, die sich bisher mehr in großen Reden üben, ohne tätig zu werden, auf die Kirchenführer, die den Dialog meiden, aus Angst, es könne ihnen etwas zu nahe kommen, auf die Theologen, die sich oftmals aus ihrer Verantwortung herausdefinieren möchten, auf die Wissenschaftler, die stets zu den Ergebnissen kommen, die ihre Auftraggeber aus der Industrie, Wirtschaft oder Politik bestätigt haben möchten . . .

Es werden Begegnungen möglich werden, die greifen, Halt geben und Hoffnung auf eine neue Zukunft wecken. Wir werden Interesse finden an den Menschen, deren Wohl und deren Rechten. Wenn wir uns das nötige Profil beschaffen, ja teils hart erarbeiten, dann können wir unserer Behauptung – auch für die Menschen dasein zu wollen – endlich Folge leisten. Ein Profil, das greift, hilft uns, unser kleines Ich zu übersteigen, uns zu öffnen.

Und das ist auch notwendig: Wir müssen uns öffnen, wenn wir behaupten, für andere Menschen dasein zu wollen. Wir müssen bereit sein, dort zu gehen, wo andere stehenbleiben, dort einen weiteren Schritt zu wagen, wo andere wegsehen, dort die Hand zu reichen, wo sich sonst die Gleichgültigkeit breit macht . . .

Wir müssen versuchen, Menschen dafür zu begeistern, dort aufzustehen, wo andere sitzenbleiben, dort „ja" zu sagen, wo andere „nein" sagen und dort „nein" zu sagen, wo andere „ja" sagen.

Sich öffnen und neue Schritte wagen. Nur so wird durch uns „Begegnung" möglich. – Und Begegnung hat etwas mit Berührung zu tun. – Und Berührung hat etwas zu tun mit Zärtlichkeit. – Und Zärtlichkeit ist Kraft. – Und aus dieser Kraft sollten wir gemeinsam schöpfen, damit wir in Bewegung bringen, was noch zu bewegen ist. Sicher auch ein Anfang für Gerechtigkeit und Frieden.

Es lohnt sich, ein Mensch mit Profil zu sein.

Dank an Frau Karin Schmid für die Gestaltung dieses Bandes und an Herrn Waldemar Weinheimer für das Korrekturlesen.

2. Auflage 1997
© 1990 Frank Weber
© 1997 telar verlag, Schweinfurt
Titelblatt: José Vargas
Gesamtherstellung: Schoder Druck GmbH & Co. KG, Gersthofen
ISBN: 3-930285-09-6

DER AUTOR

Frank Weber: Jahrgang 1960; Absolvent der Fachakademie für Sozialpädagogik in Schweinfurt; Arbeit besonders im Behindertenbereich mit Kindern und Jugendlichen; erste Kinderlieder und Kabarettstücke entstanden; Beginn des Studiums der Theologie in Würzburg; Studienaufenthalt in Cochabamba/Bolivien verlief anders als geplant: Gründung von Wohngemeinschaften als Alternative für Kinder und Jugendliche, die bislang in den Straßen leben mußten; Gründung einer Künstlerwerkstatt, einer Kunstgalerie und einer Schule für verlassene Kinder und Jugendliche aus sozial schwächsten Familien. Die gesamte Arbeit in Bolivien wird bis heute durch die Arbeit aller Beteiligten ohne Zuschüsse staatlicher oder kirchlicher Institutionen finanziert. *Auch dieser vorliegende Band* trägt dazu bei.

Weitere Veröffentlichungen des Autors:

Mein Zuhause ist die Straße
Die Geschichte eines Straßenkindes

Großformat, 28 Seiten,
mit 12 farbigen Aquarellen, Pappband,
ISBN 3-930285-30-4

(Auch in der bolivianischen Ausgabe erhältlich:
ISBN 3-930285-50-9)

Frieren Steine auch?
Eine Welt-Texte

Mit einem Vorwort von Kardinal Paulo Evaristo Arns
und Zeichnungen von Engelhard Schmitt

64 Seiten, Broschur
ISBN 3-930285-10-X

Tocando la realidad
Realistische Aquarelle aus Bolivien

Mit einem Vorwort von Bundespräsident a. D. Walter Scheel

deutsch-spanische Ausgabe,
Großformat, 96 Seiten,
mit 42 farbigen Aquarellen, Broschur

direkt zu bestellen bei: telar verlag, Krumme Gasse 3, 97421 Schweinfurt